Gisela Stumm

Mehr Meer

2. Auflage

© 2014 Gisela Stumm

Herstellung und Verlag:
BoD - Books on Demand Norderstedt

Texte, Fotos und Gesamt- Layout:
Gisela Stumm

Die Rechte an den Texten und den Fotografien
liegen bei der Autorin,

die Rechte an den Bildern
bei Anja Zimmermann und Gabriele Balitzki

ISBN 978-3-7322-9562-3

Bibliografische Informationen der Deutschen Nationalbibliothek:

Die Deutsche Nationalbibliothek verzeichnet diese Publikation
in der Deutschen Nationalbibliografie; detaillierte bibliografische
Daten sind im Internet unter www.dnb.de abrufbar.

Gisela Stumm

Mehr Meer

*Lyrische Betrachtungen
und bildhafte Eindrücke*

In Liebe

an (m)eine Insel

Kurzinhalt

*Zauber der Insel
in Wort und Bild
mit allen Sinnen
in sich vereint*

*Faszination
von ihrer Schönheit
und dem Respekt
vor der Natur*

*um sie zugleich
als Metapher
zu deuten
für unser Leben*

Inhaltsverzeichnis
Lyrische Betrachtungen

Foto-Motive

von Spiekeroog - und Bilder

Insel-Zeit

Immer wieder
erfasst mich so ein
wundersames Glück,
denk ich an meine
Insel-Zeit zurück.

Vor meinen Augen
das stark bewegte Meer.
Vom linken Horizont
hinüber bis zum rechten
der Himmel über mir
wie eine große Glocke.
Unter meinen Füßen
gibt einen festen Stand
der Küstensand.

Mein Lebenselixier,
das ist der Wind,
der mit reiner Energie
die Lungenflügel stärkt,
das ist der Sonnenstrahl,
der bis ins Herz mir dringt,
das sind die weißen Wolken,
auf denen sich die Träume wiegen
und mit meiner Seele fliegen.

Allein geh ich am Strand entlang,
aber einsam bin ich nie.
Ich fühle mich als Teilchen
eines großen Ganzen,
eingebunden in den Lebenskreis
jener Schöpfungsmacht,
vor der ich mich hier
ehrfurchtsvoll verneige -
und meine leeren Hände zeige.

Immer wieder
erfasst mich so ein
wundersames Glück,
denk ich an meine
Insel-Zeit zurück.

Wieder auf der Insel

Stress lass nach!
Endlich Hafen!
Leb' wohl, du Festland
unbegrenzter Möglichkeiten.
Schiff ahoi!
Ich werfe allen Ballast über Bord.
Willkommen auf der Insel.

Die Luft schmeckt rein,
der Wind spielt mit dem Haar.
Vertraute Häuser
singen mir ein Lied.
Für ein paar Tage
pflanzt der Himmel mir
eine andre Welt ins Herz.

Es ist wie ein Zuhause,
alles so wie eh und je.
Ich weide mit den Schafen
auf dem grünen Deich,
die Füße messen Sand am Ufer,
Wasserrauschen Tag und Nacht
als Hintergrundmusik.

Schöpfergeist herrscht unsichtbar.
Meine Seele schweigt sich aus,
ist ganz auf Empfang gestellt.
Ich träume in den Farben
eines Regenbogens,
der Strand und Meer
für kurze Zeit verbindet.

Angekommen

Der Urlaub winkt.
Wieder einmal
lockt das Meer,
die Insel ruft,
der Herzschlag steigt.

Obwohl bereits am Ziel,
hasten meine Füße
immer noch
als kämen sie
für irgendwas zu spät.

Solange eine Art von Eile
mich beherrscht,
bin ich nicht angekommen,
dort, wo die
Gelassenheit regiert.

Am dritten Tag
endlich die Wende.
Langsamen Schrittes nun
erobere ich meine
kleine traumerfüllte Welt.

Ich verschmelze mit der Zeit,
male Herzen in den Sand,
und die Gedanken
segeln mit dem Wind,
weit, weit übers Meer.

Wahrnehmung
des Inselfrühlings

AUGEN wandern in die Ferne
Segel zieh'n am Horizont
Wasser tanzt in hohen Wogen
hat sich selbst
mit Algenschaum gekrönt

OHREN himmelwärts
ein Singen Rufen Warnen
Dauerchor erfüllt die Luft
auf Gras und Dünen Vogelbrut
zwischen Sand und Meer

NASE in den Wind
bewegte Luft gewürzt
von Meeres-Salz und Watt
atemfrischer Kiefernwald buhlt
mit dem Duft der Friesenrose

MUND bleibt stumm
in Ehrfurcht vor der Schöpfung
wie klein wir sind
und immer wieder stilles Staunen
mit einem Herz voll Dankbarkeit

Nord - seewärts

sie wirkt auf uns
wie ein Magnet
die weite See mit ihrem
nimmer müden Rauschen
riesige Naturgewalt
in ihrer Unermesslichkeit

verschiedene Gesichter hat sie
mal ist sie sanft
und streichelt ihre Strände
ein andermal
peitscht sie brutal
die Meeresküsten aus

voller Leben ist sie
diese Stätte der Geburten
zugleich für alle Wesen
reiche Nahrungsquelle
ein Gratisangebot
der wunderbaren Schöpfung

mit der Beständigkeit
im Wechsel der Gezeiten
einem Kommen einem Gehen
belehrt sie uns auf ihre Weise
auch unser Dasein
so zu sehen

Geflutet

Meine Deiche sind gebrochen,
meine Seele ist geflutet,
das Wasser reicht mir
bis zum Hals.
Hier stehe ich und flehe
um eine Hilfe für mein Leben.

Erst wenn die Pegelstände sinken,
nährt Hoffnung sich
von einem neuen Grün.
Das Marode fiel zum Opfer.
Nur, wer fest verwurzelt,
trägt eines Tages neue Frucht.

Auf einer Wellenlänge

Zwei Menschen treffen sich
auf einer Wellenlänge
gedanklich und im Tun - doch
jeder bleibt sein Individuum

Auf eigner Wellenlänge
begegnen sich Friedfertige
und Tolerante als Ausgleich
und Balance für die Welt

In den Augen der Verliebten
brennt ein Feuer
ihre Sehnsucht tanzen sie
auf ihrer Wellenlänge aus

Schaukelt jemand eine Wiege
spricht er auf seiner Wellenlänge
nur von Kindersegen
oder Elternstress

Auf weiter Wellenlänge
vereint die Politik sich
mit den Schaffenden und Steuerzahlern
pflichtgetreu für aller Wohlergehen

Notleidende und Kranke
begegnen sich auf gleicher Wellenlänge
sie suchen die Balance zwischen
einem Hoffen einem Bangen

Stützt mühsam ein Betagter
sich auf seinen Stock
zählt er gemäß der Wellenlänge
nur die Alten auf dem Weg

Alle leben sie im Hier und Jetzt
jedermann auf seiner Wellenlänge
in dauernder Bewegung angepasst
dem irdischen Gezeitenstrom

Lichte Bilder

Gleißendes Licht
und Stille
in flimmernder Luft
Wasser als Fata Morgana
und ich allein
knöcheltief im heißen Sand
mit Strandgut in den Händen

Wenn ich die Augen schließe
spüre ich wieder
sengende Hitze auf meiner Haut
Erinnerung an heiße Tage
ein Herz gefüllt mit Farben
als Fantasie-Landschaft
getupft in die Erinnerung

Schnell verrinnen meine Jahre
durch die Finger rieseln sie
wie Dünensand
winzige zerfallene Teilchen
die der Wind
auf seinen Schwingen
in entrückte Ferne trägt

Stäubchen-Reise

Gutes einst wichtig
zeitlich verlebt
als Trümmer
im Abfall gelandet

Strandgut gebeutelt
gewalkt zermalmt
das Gestern zerrieben
zu Körnchen

so reist es
vielfach verändert
als Stäubchen
um unsere Welt

Rettung
vor dem Feuer

In meinem Herzen
ist gefährliches
Feuer entfacht

Hilfe! Ich brenne!
Wo ist die Rettung?

Ich springe ins Wasser
ersticke die Flammen
überlasse mich ganz
den Fluten des Meeres
versinke betäubt
auf den stillen Grund

Verwandelt als Fisch
gleite ich leise davon

Bewegung

Das Leben bewegt sich in Wellen
im Auf und Ab entwickeln sich
unaufhaltsam andere Formen
ob Wellen am Ufer versanden
oder ein Felsen sie sprengt
am Ende saugt der Himmel sie auf
und gibt sie in einem Kreislauf
den großen Wassern zurück

Bewegung

Das Leben bewegt sich in Wellen
im Auf und Ab entwickeln sich
unaufhaltsam andere Formen
ob Wellen am Ufer versanden
oder ein Felsen sie sprengt
am Ende saugt der Himmel sie auf
und gibt sie in einem Kreislauf
den großen Wassern zurück

Strandgut

Vor deinen Füßen
müdes Strandgut

das enge Band um deinen Hals
die Hände mit dem Würgegriff
das böse Wort in deinem Ohr

morgen holt das Meer zurück
was es einst zur Schau gestellt
befreit - erfrischt - macht neu

vorbei die vielen Qualen
der Vergangenheit und
Angst in deinem Herzen

die Erfüllung deiner Sehnsucht
ankert schon im Hafen

Dein Weg

Vergebens
zogst du dein Netz
durch das Wasser
der trüben Gedanken

am nachtklaren Himmel
führte dein Griff
nach den Sternen
ins Leere

im Lichtschein
der Sonne
erkannte dein Herz
seinen Weg

Bewegt

Setze die Segel
vertraue dem Wind
in den Wogen des Meeres
atmet das Licht

Bewegt

Setze die Segel
vertraue dem Wind
in den Wogen des Meeres
atmet das Licht

Befreiung vom Eis

Der Bach fließt unterm Eis
hat Kraft verloren
aber lebt

Sonne durchdringt Kälte
Wasserwunder strömt
mehr denn je

Wärme hat die Seele
aus dem Frost befreit
Liebe siegt

Alles fließt

Roter Fluss in deinen Adern
Wasser quellen durch Gestein
deine Zeit rinnt mitten
in bewegter Wunderwelt
wo im Licht die Farben fluten
und das Leben sich ergießt
alles fließt

Wieder ein Lächeln

Einst
spülte die Quelle
der bitteren Tränen
dein Lächeln ins Meer

Im Hafen der Liebe
stieg es an Land

und tanzte
in deinem Gesicht
mit den süßen
Tränen der Freude

Herz frei

Schleusen geschlossen
den starken Stürmen
des Lebens getrotzt

Wolken verflogen
das Herz wieder frei

Sonnenlicht zaubert
zaghaftes Lächeln
auf stummes Gesicht

Auf einer Welle

du und ich
auf einer Welle

    vom ewigen Wind
    geformt und getragen

        gemeinsames Fließen
        im Strom unsrer Zeit

            wir lachen und weinen
            wir lieben und hassen
            wir leben und sterben

        im Strom unsrer Zeit
        gemeinsames Fließen

    geformt und getragen
    vom ewigen Wind

auf einer Welle
du und ich

Atmen

Unser Atem
ist wie eine Woge

kommt und geht

Lebendigkeit bewegt
von unsichtbarer Hand

Atmen

Unser Atem
ist wie eine Woge

kommt und geht

Lebendigkeit bewegt
von unsichtbarer Hand

Energie
durch Zuwendung

Vom ICH
zum DU
vom DU
zum WIR

Gemeinsam Freude teilen
zusammen Lasten tragen
ungehindert fließen lassen
der Seele Energie

durch uns
zu dir
durch dich
zu mir

Die Perle

Beschützt vor den
Wogen des Meeres
so liegt in der Muschel
die Perle

in aller Stille
wächst sie heran

verborgen ist so
meine Liebe für dich
halte sie fest
sie ruht in dir

Schöpfungsakt
und Lebenskreis

Über allem strahlt die Klarheit.
Ein kleiner Punkt im Universum
formt sich zu einem Erdenball.
Der Himmel spiegelt Licht
ins Blau der Ozeane,
Lebensquellen
für den Schöpfungsakt.
Durch die Stätten der Geburten
fließen starke Energien.

Sattes Grün
durchzieht das Land,
um uns Wesen -
eingebunden in ein Ganzes -
zu erhalten.
Allumfassendes Naturgesetz
wiederholt sich immer neu.
In dem Salz der Tränen
wohnt das Wunder.

Eines Tages blicken wir
auf unser eignes Werk zurück.
Siehe da, wir sind
uns selber treu geblieben.
Vor unserm inneren Auge
zieht der blaue Strom
an uns vorbei,
an seinen grünen Ufern
verhallt Applaus.

Das Lager unsres Schiffes
ist gefüllt bis an den Rand.
Noch liegt das Steuerrad
in unsren Händen.
Kommt die Zeit
der Dämmerstunde
wird sich's wenden.
Dann schließt der Unermessliche
des Menschen Lebenskreis.

Sandras Träume

Ich träume mir
    den Rosengarten mit der Bank,
    auf der das Glück zu Hause ist.

Ich träume mir
    den stillen Wald und Bäume,
    die mir alte Märchen raunen.

Ich träume mir
    das Glitzern eines Meeres
    und lasse meine Segel ziehen.

Ich träume mir
    den Gipfel eines Berges und schicke
    meine Sehnsucht in die Ferne.

Ich träume mir
    das Sprengen meiner Fesseln,
    hoffe auf die Leichtigkeit des Seins.

Ich träume mir
    den Himmel ohne Grenzen,
    löse mich aus meiner alten Welt.

Trauer

Meine Welt
weint deinen Namen
aus der Seele
quellen Tränen
ich vergrabe mich
in ihrem Salz
erstarrt bin ich zur Säule

Regen-Segen
wird mich lösen
lässt mich
fließen und
den Kreislauf
schließen
mit dem Meer

Im steten Fluss

Der eine kommt,
der andere geht,
das Leben gibt,
das Leben nimmt,
um Neues
zu gebären.

Im steten Fluss

Der eine kommt,
der andere geht,
das Leben gibt,
das Leben nimmt,
um Neues
zu gebären.

Nach der Zeit

Alles Wissen unsrer Welt
liegt chiffriert im Meer.
Aufgelöst fließt unser Dasein
irgendwann mit den Gezeiten.
Potenziert ist alles Wissen
und vergangenes Gebaren.

Unsre Nachwelt,
sie denkt weiter,
macht sich Sorgen
- oder keine –
um die Seelen
und das Leben
nach der Zeit.

Doch der Glaubende,
er träumt auf seine
eigne Weise
von einer fernen
Herrlichkeit.

Ätherisch

Flüchtig sind die Tage
der Glückseligkeit

Atme ein
den süßen Duft der Rosen

und gib den Sinnen Raum
für die Erinnerung

Neue Energie

vorbei die Reise
und die Preise

es lebe die Erinnerung
an unbeschwerte Tage

für meinen Alltag
bin ich nun bereit

zur Entfaltung
neuer Energie

gewonnen aus der Zeit
intensiv gelebter Träume

Wolkenkönig

Mit dem
Wolkenkönig
fliege ich
auf das Eiland
meiner Träume

Flut umspült
das Ufer
hüllt mich
in ein fließendes
Gewand

Glitzerndes
Meereslicht
verzaubert Perlen
auf der nackten Haut
zu Diamanten

Mein Haar
durchkämmt
der Wind
ich fühle mich wie
eine Möwenfeder

die auf den
Wellen gleitet
und wartet
bis die Zeit
verrinnt

War es
erst gestern
als ich
Abschied nahm
vom Meeresrausch?

Hoffend auf
ein Wiedersehen
sagte ich dir
nicht adieu
sondern nur: bis bald

Sehnsucht nach Meer

Streift der Wind durch grüne Felder,
fließen Wogen durch das Korn,
flieht die Sehnsucht in die Ferne
an das glänzend weite Meer.

Durch die Kraft meiner Gedanken
gleiten Wellen an den Strand.
Füße messen Sand und Tide.
Meeresbrise streichelt sanft.
Sehnsuchtsvolle Augen
fangen Wolkenzauber ein.

Streift der Wind durch grüne Felder,
flieht die Sehnsucht in die Ferne.
Und ich hisse weiße Segel
im Gedankenmeer.

Mehr Meer

Wenn ich einen See seh',
brauche ich kein Meer mehr,

sagen viele Freunde.

Wasser hin, Wasser her,
ich sehne mich nach Meer.

Auszeit

Vorbei die Auszeit
mein Zug rast
in den Alltag
und mein Gemüt
das trottet hinterher

Ich warte
auf die Ankunft
meiner Seele
mit einer Muschel
in der Hand

Kurzbiografie

Gisela Stumm, geboren 1941 in Danzig, aufgewachsen in Niedersachsen, dort tätig gewesen im kaufmännischen Bereich, lebte mit ihrer Familie im Rahmen der Entwicklungshilfe neun Jahre in Afrika. Sie wohnt seit 1980 im Taunus. Nach einer Fachausbildung im sozial-pflegerischen Bereich betreute sie Pflegebedürftige und Sterbende.
Seit Ihrem Fernstudium bei einer Schreibakademie publizierte sie mehrere eigene Lyrikbände.
Es gibt zahlreiche Veröffentlichungen in Zeitschriften, Tageszeitungen, Anthologien, Buchgemeinschaftsprojekten, Hess. Rundfunk, Internet; seit 2010 in Folge textliche Mitbeteiligung am künstlerisch gestalteten *Frauenkalender* (Kaufmann-Verlag).
Ihre musikalisch begleiteten Lesungen hält sie überwiegend zugunsten der Hospizarbeit.

Bereits veröffentlichte Bücher von Gisela Stumm
mit lyrischen Betrachtungen und Gedichten *(zeitliche Reihenfolge):*

„Liebe kennt den Weg zum Garten Eden"
ISBN 3-8334-0031-5 (60 S.) 6,-- Euro

„Unterwegs sind wir alle"
mit Farbbildern von Evita Gründler
ISBN 3-8334-2927-5 (110 S.) 12,-- Euro

„IMAGES - Auf den Spuren von Marcel Tournier"
Text- Inspirationen zu impressionistischer Harfenmusik
Musik-Einspielung auf CD von Morija David
mit Farbbildern von Anja Zimmermann
ISBN 978-3-00-019504-4 (52 Buchseiten incl. CD) 15,-- Euro
(zu bestellen unter Tel. Nr. 06083-1290)

„Auf Wellenlänge"
mit Farbbildern von Marie von Jan
ISBN 978-3-8391-1528-2 (160 S.) 13,50 Euro

„Wenn wir reifen"
ISBN 978-3-8372-0998-3 (136 S.) 12,80 Euro

„Alles unter einem Hut"
mit Farbbildern von Evita Gründler
ISBN 9783732233298 (152 S.) 12,00 Euro

Vermerk: Bei **„Mehr Meer"** handelt es sich weitgehend um eine zum Thema passende Zusammenstellung von Texten aus den voran gegangenen Büchern der Autorin.